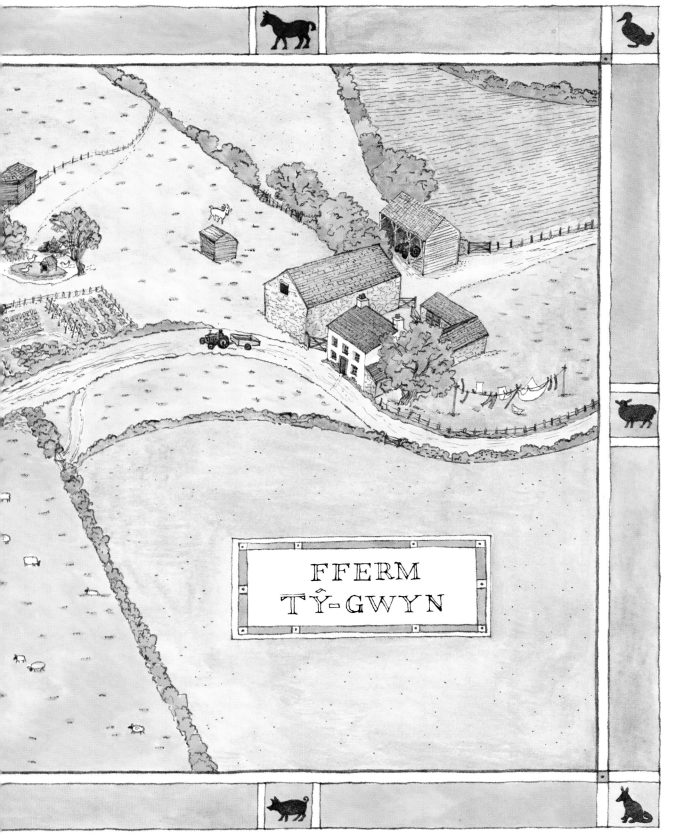

FFERM
TÝ-GWYN

Cyhoeddwyd gyntaf yn Saesneg gan Frances Lincoln Cyf
dan y teitl *Bridget's Secret*.
Cyhoeddwyd yn Gymraeg gan Wasg y Dref Wen,
28 Ffordd yr Eglwys, Yr Eglwys Newydd, Caerdydd.
Argraffwyd yn Hong Kong.

F F E R M   T Ŷ - G W Y N

CYWION REBECA

Jill Dow

DREF WEN

Roedd Owen yn hoffi'r holl ieir ar Fferm
Tŷ-gwyn, ond hoffai Rebeca yn fwy na'r un.
Iâr fach ddu oedd hi, gyda chrib goch lachar ar
ei phen. Bob tro yr âi Owen at gwt yr ieir,
byddai Rebeca yn clwcian ac yn rhedeg i'w
gyfarfod, ac yna'n pigo'i draed yn dyner nes
iddo eistedd ar garreg y drws. Yna byddai hi'n
neidio i'w gôl fel y gallai roi mwythau iddi.

Roedd Rebeca'n wahanol i'r ieir eraill. Yn y cwt y byddai'r rheiny'n dodwy eu hwyau bob bore, cyn mynd allan i grafu am eu bwyd.

Ond byddai Rebeca'n mynd allan gynta, ac yn dodwy ei hwy mewn lle gwahanol bob dydd.

Gwaith Owen oedd casglu'r holl wyau a dod â nhw'n ôl i'r tŷ. Ond byddai'n gorfod chwilio yn bell ac agos cyn dod o hyd i wy Rebeca.

Dydd Llun, roedd yng nghwb y ci.

Dydd Mawrth, roedd yng nghwt y geifr.

Dydd Mercher daeth Owen ar ei draws yn nhwlc y moch, ar fin cael ei lowcio gan un o'r moch bach.

Dydd Iau roedd wedi'i guddio wrth fôn coeden yn y berllan,

a dydd Gwener roedd yn y sgubor, yn gorwedd ar hen siwmper lle cysgai'r gath.

Ond dydd Sadwrn allai Owen ddim cael hyd i wy Rebeca yn unman — a doedd dim golwg o Rebeca chwaith. Galwodd Owen ei henw, a chwiliodd ym mhob un o'i hoff guddfannau, ond doedd dim lliw na llun o'r iâr fach ddu.

Roedd Owen ar fin rhoi'r gorau i chwilio, pan glywodd sŵn clwcian rhyfedd yn dod o ganol y rhiwbob. Aeth ar ei bedwar i sbio dan y dail anferth — a dyna lle gwelai Rebeca. Ond am unwaith chafodd e ddim croeso o gwbl ganddi. Chwyddodd hi ei phlu allan nes edrych ddwywaith ei maint arferol, a chlwciodd yn gas pan geisiodd Owen roi ei law arni. Oedd hi'n sâl, tybed? Neu oedd y cadno wedi'i dychryn hi yn y nos?

Rhedodd Owen i ddweud wrth ei fam am Rebeca a'i stranciau rhyfedd. Ond dim ond chwerthin wnaeth hi.

"Paid â phoeni," meddai. "Mae Rebeca eisiau gori, dyna i gyd — mae hi eisiau eistedd ar wyau nes i'r cywion bach ddod allan. Rhaid inni wneud nyth glyd gynnes iddi."

Y noson honno gwnaeth Mam nyth o wellt y tu mewn i hen gasgen. A bore trannoeth, yn lle mynd â'r wyau i gyd o gwt yr ieir yn ôl i'r tŷ, rhoddodd Owen chwech ohonynt yn y nyth. Yna dododd e Rebeca ei hun yn y nyth, gan guddio'r wyau dan ei phlu cynnes. Cuddiodd ei hwy brith newydd hi gyda'r chwech arall.

Bob bore deuai Owen â bwyd a dŵr
glân i Rebeca,

a phob prynhawn byddai'n gwylio'r
wyau am ychydig tra âi hi allan o'r
nyth

i estyn
ei choesau

a'i hadenydd.

Aeth wythnos heibio, yna wythnos arall. Oedd yr wyau byth yn mynd i ddeor?

"Amynedd!" meddai Mam. "Dyw Rebeca ddim yn becso, felly paid ti â gwneud!"

Llusgodd y drydedd wythnos heibio.

"Dwi ddim yn credu y daw cywion byth o'r hen wyau 'ma," meddyliodd Owen yn drist.

Ond fore Sul, pan aeth Owen i weld Rebeca,
cafodd fraw mawr. Roedd yr iâr fach wedi
diflannu, a doedd dim i'w weld yn y gasgen
ond saith plisgyn wy wedi torri.

Meddyliodd Owen fod y cadno wedi bwyta
Rebeca a'i hwyau i gyd yn ystod y nos.
Rhedodd am adre i ddweud wrth ei fam.

Ond wrth iddo frysio trwy'r ardd lysiau, clywodd ryw sŵn clwcian tyner, a tsîp-tsîpian main.

Arhosodd a chlustfeiniodd. Ai Rebeca oedd yna?

Dyna falch oedd e pan welodd ei hoff iâr yng
nghanol y dail rhiwbob, a saith o gywion bach
o'i chwmpas!

Yna sylwodd fod un o'r cywion yn wahanol
i'r lleill. Ar ei blu roedd nifer o fannau bach
tywyll.

Pan welodd hwn
Owen, rhedodd yn
syth ato a dechrau pigo ei
esgid â'i big bitw fach.
   "Dyma un," meddyliodd
Owen, "sy'n mynd i fod yn
gymwys fel Rebeca!"

— Diwedd —